RÉVOLUTION SOCIALE

TYPOGRAPHIE DE J. FREY, RUE CROIX-DES-PETITS-CHAMPS, 55.

RÉVOLUTION SOCIALE

PAR

Édouard GORGES

PRIX : **50** CENTIMES

PARIS

EN VENTE CHEZ MARTINON, ÉDITEUR,

RUE DU COQ-SAINT-HONORÉ, 4.

1848

RÉVOLUTION SOCIALE

SOMMAIRE

Organisation du travail. — Droits et intérêts des femmes. — Commerce. — Justice. —Armée. — Impôt progressif. — Impôt sur le sel. — Réforme postale. — Organisation du crédit foncier. — Dette publique. — Association de crédit. — Hypothèques. — But des Banques foncières. Mobilisation du sol. — Cultes. — Abolition des ordres religieux. — Mariage des prêtres.— Divorce. —Instruction. — Noblesse. — Théâtres. — Liste publique des solliciteurs. — Nominations par un jury.

I

C'était hier ;

Le peuple s'est levé comme un seul homme.

Après trois heures de combat, la royauté est tombée, sans lutte, sans défense... tombée comme un fruit mûr de l'arbre...

Le peuple est libre...! vive la République !!

Et de tous côtés on entonne, en l'honneur du peuple, les louang es dont la veille on saturait la royauté.

« Peuple français, tu as confondu tes ennemis, « foudroyé tes calomniateurs par la splendeur de « ta magnanimité !! »

Tout flatteur vit aux dépens de celui qui l'écoute...

Songez-y, Peuple, mon ami...

« A qui prétend vous conduire, vous avez droit de demander où on vous mène. Il ne vous est arrivé que trop souvent déjà de vous agiter pour des mots, de combattre dans les ténèbres, de vous épuiser en dévoûments dérisoires, et d'inonder de votre sang, répandu au hasard, la route des ambitieux, tribuns de la veille, que le lendemain saluait oppresseurs... »

Patient parce que vous êtes fort, vous vous êtes, pendant cinquante ans, laissé enlever une à une toutes vos libertés les plus chères... On vous a promené sur tous les champs de bataille de l'Europe, que vous avez engraissés de votre sang, de vos membres mutilés... Endormi aux doux mots de gloire, honneur et patrie, vous avez accepté sans plaintes la noblesse de l'empire — princes, ducs et barons, pâle contrefaçon de cette noblesse chassée en 1789.

Vous avez subi le règne insolent du sabre et de la moustache...

Après trente ans de victoires et d'efforts surhumains, vous avez souffert deux invasions des puissances étrangères.

Puis la restauration est venue, traînant derrière soi ses émigrés hargneux et affamés, ses priviléges de toutes sortes, ses moines de toutes couleurs. On a brisé votre épée, arraché votre épaulette, renié votre passé, brisé vos sympathies, effacé d'un trait de plume vos victoires si chèrement payées... Puis on a pris le goupillon, on vous a jeté un froc sur les épaules, et on vous a aspergé d'eau bénite...

Libre trois jours, et lâchement trahi par ceux-là qui se disaient vos meilleurs amis, vos plus chauds défenseurs, vous vous êtes docilement agenouillé, en 1830, sous la dynastie d'Orléans.

Avez-vous assez souffert?

Nous ne voulons point réveiller des haines, exciter des colères; pardon pour nos ennemis politiques, ils ne sont plus à craindre; nous les connaissons. Plaignons-les de n'avoir pas su comprendre ce qu'il y avait en vous de nobles dévoûments et d'instincts généreux.

Pitié pour les vaincus : jetons sur eux le linceul de l'oubli.

Songeons à nous; et puisque TOUS nos gouvernants nous ont trompés, gouvernons-nous nous-mêmes.

Il n'y a que les révolutions dont le but a été longtemps prévu et défini à l'avance, qui n'avortent pas.

Aujourd'hui nous sommes libres, prenons une large part de libertés; n'attendons pas que nos gouvernants de demain nous les émiettent une à une pour se conserver la faveur populaire.

Que voulez-vous?

Faites hardiment, prenez vos garanties, fouillez jusqu'au cœur cette société viciée et corrompue... Vous êtes entré dans la voie des réformes; marchez-y d'un pas ferme et décidé... marchez... mais gardez-vous des violences et des excès; vos ennemis, ceux-là même qui vous flattent aujourd'hui, en profiteraient pour crier à l'anarchie, pour semer parmi vous des haînes et des divisions, et ils finiraient, sachez le bien, par vous enlever promptement un pouvoir que vous n'auriez pas su conserver.

Nous avons aujourd'hui toutes nos libertés : liberté de parole, liberté de pensée, liberté d'action. Que chacun de nous dise à la foule ses vœux, ses espérances, sa volonté. Il n'est pas permis à un bon citoyen de rester muet et immobile au milieu du mouvement qui ébranle toute la société.

« Une idée, quelle qu'elle soit, philosophique, sociale, religieuse ou politique, ne se produit jamais sans trouver d'abord plus de contradicteurs que d'adeptes, et elle ne recrute plus tard quelques soldats qu'après avoir fait beaucoup de martyrs. Avant d'être réputées sages et utiles, toutes les idées qui ont puissamment remué le monde, n'ont-elles pas été réputées folles et insensées ? »

Mettons-nous donc au-dessus des partis, et disons notre pensée tout entière. Dans les circonstances où nous sommes, c'est un besoin, c'est un devoir pour tous.

Ce que nous demandons, le voilà...

II

Organisation du travail.

Comme on l'a présenté, ce problème nous paraît insoluble. Le partage des bénéfices entre le capitaliste et l'ouvrier est impossible et injuste.

Impossible. — Comment forcerez-vous le capital à entrer dans l'industrie, s'il n'a pas chance de bénéfices considérables?

Injuste. — Le capitaliste s'expose à la ruine ou à la perte des fonds exposés. — Quelles chances court le travailleur?

Puis un ouvrier travaille huit ou dix jonrs pour une entreprise industrielle. — Comment voulez-vous répartir des bénéfices qui ne se réaliseront que beaucoup plus tard, s'ils se réalisent; et d'ailleurs quelle comptabilité!

Et les campagnes? — Quelle part faites-vous au propriétaire? quelle part au fermier? quelle part au journalier?

Et encore, si vous augmentez le prix du travail, l'industriel augmentera ses produits d'autant; — et comme nous sommes tous à la fois producteurs et consommateurs, nous ne voyons pas, au bout du compte, ce que nous aurons gagné.

Et les ouvriers littéraires, que ferez vous pour leur assurer une existence honorable, libre et in—dépendante...?

Cependant la société doit du travail et du pain à tous ses enfants. Ne pourrait-on pas — provi-soirement — établir des ateliers nationaux — où chaque ouvrier trouverait un salaire suffisant pour vivre?

Les produits seraient écoulés à un taux assez élevé pour ne pas ruiner, par la concurrence, l'industrie privée.

Et encore, ce n'est qu'un petit remède à un grand mal...

Vous voulez organiser le travail?

Commencez par produire : tout est là —

Ce n'est pas le travail qui manque, ce sont les travailleurs. Améliorez le sort des agriculteurs, et faites refluer dans les campagnes les ouvriers que la misère en a chassés.

III

Les femmes

Et les femmes?... gardons-nous de les oublier dans cette grande refonte sociale.

C'est à la femme que nous devons les saintes joies de la famille.

Quand nous rentrons brisé par la fatigue, c'est auprès d'une femme amie que nous aimons à oublier nos peines et retremper notre courage abattu.

Quand le cœur est ulcéré par l'injustice des

hommes, quand la haine nous mord au cœur c'est la femme qui nous console.

C'est à la femme que nous devons nôtre premier pas, notre premier sourire, notre premier amour.

Pour faire le mal, l'homme veut être seul...Il ne se sent heureux et complet que par son union avec la femme.

Ne soyons pas généreux à demi relevons-la de l'état d'humiliation et de dépendance où nous l'avons assujettie jusqu'ici...

Pourquoi l'éloigner de nos grandes réunions politiques ? croyez-vous donc son cœur fermé aux idées grandes et généreuses ?

La femme ne partage-t-elle pas toutes nos souffrances, tous nos sacrifices ?

Alors, pourquoi l'exclure du droit commun ?

Les femmes couronnaient les chevaliers dans les tournois — qu'elles viennent à nos tournois modernes où la parole remplace la lance, et l'intelligence, la force brutale.

Mais l'exercice de ses droits politiques, n'est pas ce qui importe le plus à la femme.

Vous voulez organiser le travail de l'ouvrier ? — Songez à l'ouvrière. Quelle aussi, soit libre et indépendante ! Qu'elle puisse vivre de son travail.

La question vaut qu'on y réfléchisse...

La misère engendre la débauche chez la femme,
et par suite la dépravation de l'homme.

Que la femme puisse vivre de son travail : — Aujourd'hui nous le savons tous, c'est matériellement impossible.

A Paris, les ouvrières gagnent en moyenne 1 fr. 50 cent. par jour pendant six mois de l'année seulement, ce qui réduit leur salaire à 75 cent. pour toute l'année.

« Il y a des femmes, dit Louis Blanc dans l'*Organisation du Travail*, qui ne gagnent pas plus de soixante-quinze centimes par jour et cela pendant neuf mois de l'année seulement, ce qui veut dire que pendant trois mois elles ne gagnent absolument rien, ou, si l'on veut, que leur salaire, reparti sur toute l'année, se réduit environ à 47 centimes par jour. »

Les faits parlent assez haut : Les conséquences sont rigoureuses, inévitables... La misère, la débauche...

Le mal constaté, cherchons-en le remède.

Vous ne pouvez, comme les ouvriers des villes, les employer aux grands travaux de l'agriculture...

Il y a un remède que nous n'hésiterons pas à indiquer quoiqu'il paraisse, au premier coup-d'œil, porter atteinte à l'industrie individuelle. Mais qu'importe si la corruption de la femme vicie la société tout entière.

Notre moyen le voici :

L'État établirait dans différents quartiers des ateliers immenses pour les brocheuses, bordeuses de souliers, brunisseuses sur métaux et sur porcelaine, cartières, cartonnières, faiseuses de boutons, frangistes, casquetières, gantières, fleuristes, coloristes, etc., etc.

La matière première fournie par l'industriel lui serait remise après le travail, et dela passerait dans le commerce.

Il y aurait économie et augmentation de bien-être par la nourriture en commun — perfectionnement dans la fabrication — éducation par l'État — émulation des femmes qui comprendraient enfin l'importance du rôle qu'elles doivent jouer dans la société.

Il y a à Paris, dans les rouenneries et les nouveautés, CINQUANTE MILLE jeunes gens employés. Ces emplois ne devraient-ils pas être exclusivement occupés par des femmes? Ce serait toujours autant.

D'autres trouveront des moyens plus heureux, je l'espère. — Seulement le mal est signalé, qu'on le guérisse — il y a urgence.

IV

Commerce

C'est là surtout qu'il faut tailler dans le vif.

Les voleurs se divisent en deux grandes familles.

La première, la plus riche et la plus nombreuse payant patente, ayant belles enseignes, peinturées et dorées, vole à bureau ouvert depuis telle heure jusqu'à telle heure — vend à faux poids, mêle à à ses denrées — des substances étrangères, nuisibles et dangereuses.

Et pourtant, cette famille privilégiée est admise dans les rangs de la garde nationale, paie les impôts comme les honnêtes gens, nomme des députés, siégeait aux chambres et figurait au banc des ministres.

La seconde, infime, malheureuse, persécutée *travaille* au grand air, au hasard, à l'aventure — le plus souvent, poussée par la faim et la nécessité vit dans l'appréhension continuelle des sergents, des gendarmes, — est brutalement appréhendée au collet avec force bourrades et horions, et va finir sa triste existence dans les prisons, dans les bagnes ou sur l'échaffaud.

Pourquoi cette préférence injuste, cette inéga-lité devant la loi?

Voulez-vous empêcher les marchands de voler? Rien de si facile à notre avis.

Faites fermer pendant un certain temps leurs magasins, sur lesquels vous ferez mettre l'inscrip-tion suivante:

MAGASIN FERMÉ POUR VOL.

IV.

Justice

Nous sommes libres !... — Tout est à refaire... que les lois ne soient plus des toiles d'araignées! Que la justice rendue au nom du peuple ne soit pas VENDUE !

— Que les notaires soient des fonctionnaires nommés et salariés par leur département.

— Les avoués et les huissers doivent être incor-porés dans une administration spéciale et dépendre du ministère des finances.

Il est temps de faire cesser l'odieux brigandage de ces messieurs;

Une loi sévère sur les faillites qui sont devenue s

un moyen honteux d'arriver plus promptement à la fortune.

— Par respect pour la morale publique, les faillis non réhabilités, seront exclus de la garde nationale, des jurys, et des emplois publics.

— Abolition du système hypothécaire et de la contrainte par corps.

Tous les ans, le commerce de Paris adressait à ce sujet aux chambres une pétition qui comme toutes les pétitions était enfouie dans les cartons de bureaux.

L'Assemblée constituante, frappa de réprobation la contrainte par corps.

La Convention fit plus; elle en prononça l'abolition. Voici, en abrégé, le langage qui fut tenu par un des célèbres orateurs de cette assemblée.

« Il est une classe d'hommes qu'aucun crime
» n'a souillés; c'est celle des malheurenx détenus
» pour dettes : c'est une honte poue l'humanité,
» pour la philosophie, qu'un homme, en recevant
» de l'argent, puisse hypothéquer sa personne et
» sa sûreté.

» Je demande que la Convention nationale dé-
» clare que tout citoyen français, emprisonné pour
» dettes, sera mis en liberté, parce qu'un tel em-
» prisonnement est contraire à la saine morale, aux

» droits de l'homme, aux vrais principes de la liberté. »

Ces paroles si philantropiques, ces vérités si frap-
pantes, furent accueillies par d'unanimes applau-
dissements longtemps répétés, et la motion fut dé-
crétée par acclamation.

» L'assemblée tout entière se leva pour rendre
» hommage aux principes et à l'humanité. »

La contrainte par corps, favorise un trafic honteux. Il y a à Paris une foule d'agens qui n'ont
d'autre profession que d'acheter des créances à vil
prix et d'exploiter de pauvres diables qui n'ayant
aucune garantie se voient forcés d'engager leur liberté.

On l'a dit favorable au commerce.

C'est une erreur. — Au bout de quelques jours
le commerçant recouvre sa liberté en se déclarant
en faillite. Elle ne fait que frapper d'impuissance
des malheureux qui, plus tard, favorisés par des
circonstances plus heureuses pourraient remplir
honorablement tous leurs engagemeuts.

En un mot, réservons les prisons pour les crimes et les délits.

Nous espérons que l'assemblée nationale rati-
fiera le décret du gouvernement provisoire qui a
pris une généreuse initiative.

V.

Armée

L'armée coûte à la France TROIS CENT SOIXANTE MILLIONS. .

A quoi servent tous ces canons, ces forts et ces arseuaux?.

Ces vaisseaux de guerre qui pourrissent dans nos ports?

Que veulent tous nos guerriers casqués et brodés?

Que font-ils depuis trente ans?

La guerre est—elle encore possible?

Les journaux, les chemins de fer et les bâteaux à vapeur, en rapprochant les distances ont rapproché les peuples. Dans un temps donné, les gouvernements suivront nécessairement cette impulsion.

La discussion remplace la force brutale. — Si nous nous battons nous demanderons pourquoi?

Nous ne sommes plus de la chair à canon.

A quoi servent les conquêtes?

Tout gouvernement fondé par la force est ren—

versé par la force. — Toute conquête est tôt ou tard effacée par un revers.

Tous les hommes ont un intérêt égal à la liberté, à la fraternité, — s'il y a menace de guerre, ce sera la faute des gouvernans.

Et d'ailleurs, quelle puissance refuserait de réduire l'effectif de ses troupes ?

L'armée est le fléau des nations.

Combien faut-il de temps à un citoyen pour apprendre l'exercice du canon, du sabre et du fusil ?

Et quant on a proclamé LA PATRIE EN DANGER, quel citoyen a refusé de s'enrôler ?

Provisoirement, plus de troupes ou du moins peu de troupes à Paris.

La loi sur le recrutement est mauvaise et injuste.

Mauvaise, parce qu'il n'y a guère à se vendre que des fainéans ou des mauvais sujets qui veulent se soustraire à la police correctionnelle.

Injuste, car elle rend le pauvre, esclave du riche, et soustrait celui-ci au plus saint des devoirs. Le service du pays.

Avec une garde nationale mobile fortement organisée nous pouvons réduire notre armée de quatre cinquièmes au moins.

Que faire de tous nos officiers ?

Des hommes utiles, des travailleurs.

VI.

Impôt

L'impôt progressif a quelque chose qui séduit au premier coup-d'œil.

Evidemment, le propriétaire qui possède cent mille francs de rente, souffrirait moins de payer par an un impôt de dix et vingt mille francs, que le petit rentier de prélever sur son revenu annuel de mille francs, l'impôt actuel de soixante francs environ.

Mais songez-y...

La propriété foncière est déjà gérée d'une dette hypothécaire de près de TREIZE MILLIARDS :

Elle ne peut donc déjà dans l'état actuel suffire à ses besoins. De sorte que si vous la grevez d'un nouvel impôt elle se verra forcée de le rejeter sur ses fermiers. Or qui ne sait qu'en France l'agriculture est dans un état déplorable ?

Ceux-là qui produisent le pain sont souvent forcer de s'en passer ou d'appaiser leur faim par des mélanges grossiers et nuisibles à la santé. On s'occupe d'organiser le travail dans les villes, mais

combien dans les campagnes il mérite notre atten-
tion, notre sollicitude.

On craint les émeutes dans les villes —... Ne
poussons pas les paysans à une jacquerie...

Environ, les trois cinquièmes des terres, sont
incultes en France, mettez-les en culture.

Vous avez des bras, dont vous ne savez que faire,
utilisez-les...

Des détenus à moraliser par le travail.

Une armée qui dépense son temps et son énergie
à fourbir ses fusils, blanchir ses buffeteries, ma-
néger ses chevaux et traîner des canons.

Environ deux cent mille fonctionnaires inutiles
qui ne servent qu'à grever le budget et à embarras-
ser les rouages trop compliqués de toutes les admi-
nistrations.

On demande l'établissement d'impôts de luxe, —
sur les voitures, les chevaux, les domestiques mâles,
les chiens de chasse, le café, les vins fins, les li-
queurs, les cartes, les bijoux, etc.

Mais que deviendrait le commerce de Paris et
des grands centres de population où le superflu est
seul indispensable. D'ailleurs, que produiraient ces
impôts éminemment vexatoires ?...

Que le gouvernement prenne le monopole de

toutes les assurances. Toutes les compagnies d'assurances réalisent des bénéfices considérables qui pourraient servir à alléger le poids des charges publiques.

Il y aurait un autre sécurité pour l'assuré. — Le gouvernement ne pouvant faire faillite.

La valeur des immeubles, l'importance des sinistres serait appréciée par un jury.

La réforme postale avait obtenu une grande popularité sous l'ancien gouvernement.

A notre avis cette popularité n'était pas méritée :

La taxe des lettres pèse principalement sur les banquiers, sur le haut commerce, et il nous paraissait tout simple que les journaux qui tous appartiennent de près ou de loin à de riches capitalistes en aient demandé la suppression. L'intérêt était pour eux, — pour eux seuls.

Les pauvres, les habitants des campagnes sont privés de s'écrire :

Quelle plaisanterie !... Les pauvres et les cultivateurs écrivent fort peu. — Abaissez la taxe à 20 à 10 centimes, réduisez-la à zéro, ils ne s'écriront pas davantage.

Le principal, le seul obstacle, aux confidences, aux épanchements, c'est la paresse.

Qui ne sait que l'éloignement assoupit les affections.

La seule chose qui nous paraisse bonne, c'est
une taxe unique. — Le système des zônes est ab
surde. En quelque lieu, à quelque distance de Paris
que le hasard ou la nécessité nous ait jeté, ne
sommes-nous pas toujours citoyen français?

Pendant trente années l'impôt du sel a été le
grand cheval de bataille de ces deux oppositions
hargneuses qui ont amené 1830 et 1848, — arrivé
au pouvoir, aucun membre de l'opposition n'a de
mandé la RÉDUCTION DE L'IMPOT DU SEL.

C'est qu'au fond, il n'avait rien de vexatoire.

Comment le malheureux pourra-t-il assaisonner
ses aliments sans saveur?

Augmentez son bien-être en réduisant l'armée,
le nombre et le salaire des fonctionnaires publics.
— Employez ses bras à défricher les landes, à
planter les montagnes, à tracer des routes. — Il
pourra payer l'impôt du sel.

Quant à l'application du sel à l'agriculture. —
Un cultivateur de nos amis nous a assuré que des
expériences nombreuses lui avaient prouvé que le
résultat était bien loin des promesses faites, des es
pérances conçues...

Il nous paraît impossible d'établir de nouveaux

impôts on peut seulement alléger les charges de l'état en diminuant les dépenses, en retranchant tout ce qui est inutile à la marche du gouvernement en réduisant les places des hauts fonctionnaires.

La perception des impôts par exemple coûte à l'état 173 millions... 173 millions pour un revenu de 1,330 millions, c'est-à-dire 15 1/2 p. 0/0 sur la recette.

Sont-ils donc indispensables tous ces receveurs généraux et particuliers? — Tous ces payeurs, inspecteurs et contrôleurs?

90 millions suffiraient largement pour cette perception. Ce serait déjà 83 millions d'économie.

Les places de maires sont gratuites par tout, — sont-elles moins honorables et moins recherchées pour cela?

En résumé les capitaux et les bras manquent aux champs; là est le mal. De là vient l'agglomération des ouvriers dans les villes?

Faites produire à la France tout ce qu'elle peut produire en secourant l'agriculture en établissant des BANQUES FONCIÈRES, dans quelques années ses produits et par conséquent les revenus de l'état pourront être presque doublés.

ORGANISATION DU CRÉDIT FONCIER

Le 5 octobre 1845, M. Cunin-Gridaine ordonna une enquête pour la création d'un crédit agricole.

Cette question, posée de nouveau au conseil général de l'agriculture, en 1846, fut diversement envisagée par *la Réforme, la Presse, le Constitutionnel, le Courrier français* et *l'Epoque*, qui tous, cependant, s'accordèrent à déplorer des abus qu'il était urgent de faire disparaître le plus promptement possible.

La propriété foncière, dit M. d'Audiffret, dans son Examen des Revenus publics, supporte aujourd'hui PLUS DE LA MOITIÉ DES CHARGES PUBLIQUES, par les impôts direts, les droits de mutation, les partages héréditaires, les échanges et les droits de toute espèce : dans l'espace de moins d'un siècle, ou de trois générations, son capital tout entier rentre dans les caisses du trésor.

Le mouvement habituel des transactions et des partages force les propriétaires à recourir au ministère ruineux des officiers publics, que le prix élevé des offices rend d'une exigence redoutable.

On ne trouve des fonds que dans les villes, par un intermédiaire, et en subissant un droit de courtage qui n'est jamais au dessous d'un pour cent.

Rarement l'intérêt général suffit au prêteur, et c'est sur le capital même qu'il prélève les annuités accumulées de l'intérêt usuraire.

Les frais de l'acte d'obligation, inévitables dans tous les cas, sont très lourds ; le délai accordé n'est que de trois ou quatre ans tout au plus, et, ce terme venu, ce n'est qu'au moyen d'un nouveau courtage, d'un nouveau paiement anticipé d'intérêts usuraires, d'un nouvel acte d'obligation, que le débiteur trouve un nouveau prêteur.

Et si le prêteur fait défaut, les immeubles sont saisis, vendus au-dessous de leur valenr ; et le prix, en grande partie absorbé par les frais judiciaires, suffit à peine à sa libération... Sa ruine est consommée.

Il est démontré, dit M. d'Audiffret, que les accessoires onéreux qui accompagnent toujours le prêt sur les hypothèques, les honoraires des officiers publics, les formalités d'enregistrement et du timbre, et les intérêts légitimes du prêteur, portent le taux habituel de ce genre d'emprunt à 10 et souvent 15 pour cent.

Il se fait, en France, 250,000 prêts hypothé
caires de 300 francs et au-dessus, dont la plus lon-
gue durée est de deux ans.

Dette

Est-il étonnant, après cela, que la propriété se
trouve grevée d'une dette de 12 milliards 544 millions qui, d'après le premier rapport de M. le ministre de l'agriculture, s'accroit dans une propor-
tion effrayante? Son revenu étant 9 milliards par
an, il est évident que dans son état actuel il lui serait impossible de parvenir à l'éteindre.

Le dégrèvement de la propriété!... c'est par là
que vous devez commencer si vous voulez organiser le travail sur des bases larges et fécondes, si
vous voulez diminuer les impôts et féconder les
puissantes mamelles de l'État.

Ce n'est pas seulement sur la France, c'est sur
l'Europe que pèse la dette foncière. Plusieurs gou-
vernemens se sont préoccupés sérieusement de son
extinction.

Le Wurtemberg y a consacré, à lui seul, plus
de 12 millions.

La Bavière, 22 millions.

La Prusse, près de 400 millions.

Le Hanovre, 29 millions.

Les grands propriétaires et les fermiers s'imposent, en Angleterre, des sacrifices considérables.

Association de crédit

C'est pour arriver à la solution de ce problème que se sont fondées, dans le Mecklembourg, le Hanovre et la Prusse, LES ASSOCIATIONS DE CRÉDIT.

Elles consistent dans la réunion de tous les propriétaires d'une province, qui, dans le but d'accroître leur solvabilité, se portent solidaires les uns des autres.

Chaque association est représentée par une agence qui sert d'intermédiaire entre le prêteur et l'emprunteur.

Au moyen d'une annuité payée par le débiteur, et qui, dans tous les cas, ne dépasse jamais 3 pour 100, l'agence sert l'intérêt, rembourse le capital par un tirage au sort, pourvoir aux frais d'administration et forme un fonds de réserve.

En Prusse, la durée de l'amortissement est de 41 ans; celui qui emprunte 100,000 francs se trouve libéré après ce délai en payant 5 pour 100, — soit, 5,000 francs par an.

Les heureux résultats obtenus en Allemagne depuis 1822 nous permettent d'espérer que le gouvernement ne refuserait pas son concours bienveillant à la création d'une CAISSE FONCIÈRE, qui, par le taux minime de l'intérêt prélevé, arriverait nécessairement, dans un temps plus ou moins rapproché, au dégrèvement de la propriété.

Hypothèques

Quoique offrant au prêteur toutes les garanties désirables, le placement hypothécaire n'est pas en faveur auprès de la plupart des capitalistes; cette répugnance s'explique par :

La difficulté de bien apprécier par soi-même la capacité de l'emprunteur, ses titres, ses dettes, la suffisance du gage qu'il offre;

Le peu d'exactitude du débiteur hypothécaire à payer à l'échéance les intérêts et le capital;

L'immobilité de la créance hypothécaire, qu'on ne peut réaliser avant le terme, sans supporter les frais d'une cession et sans rester garant de son débiteur;

Enfin par la juste appréhension d'avoir un jour

à subir les interminables lenteurs d'une expropriation immobilière.

Ainsi, sous notre régime hypothécaire, — pour
l'emprunteur, intérêts usuraires, — pour le prêteur, embarras d'une créance qu'il n'a pas la cer-
titude de pouvoir réaliser à une époque déter-
minée.

Caisse hypothécaire

Plusieurs expériences ont été tentées, plusieurs
sociétés se sont fondées en France pour venir en
aide à la propriété, et aucune, à notre avis, n'a
réalisé les avantages qu'on était en droit d'espérer.

Ainsi, tout dernièrement, la caisse hypothécaire
reconnaissant elle-même les vices nombreux qui
avaient paralysé son développement, vient de mo-
difier ses statuts, mais d'une manière tout à fait
incomplète, selon nous, puisqu'elle repose exclusivement sur l'annuité.

Cette opération nous paraît plutôt spécieuse
qu'offrant des avantages réels à l'emprunteur.

L'annuité, en effet, tout en morcelant le remboursement, devient cependant un contrat obliga-

toire, et l'inexactitude de l'emprunteur à remplir les conditions de cette obligation aux époques déterminées, le soumet aux caprices, aux exigences de la compagnie, et le force à subir une nouvelle série de frais incalculables.

Et cette inexactitude est malheureusement trop fréquente !

En examinant attentivement la question hypothécaire, on reconnaîtra facilement les causes de ces retards et de cette impuissance.

En effet, quelle que soit la position de l'emprunteur, il ne consent un acte hypothécaire qu'avec une extrême répugnance, qu'après une mûre délibération, après les combats intérieurs de l'amour-propre qui le force à se dépouiller de la garantie matérielle affectée à la position qu'il occupe.

Pour déterminer ces emprunts, il faut donc des considérations puissantes de graves motifs dont la source existe invariablement dans des besoins réels.

Ces besoins naissent, ou d'une position gênée, ou des espérances fondées sur des opérations industrielles et commerciales.

Dans le premier cas, cette gêne momentanément disparue, renaîtra bientôt plus impérieuse, et l'annuité viendra augmenter le chiffre des engagements.

Dans le second cas, des capitaux engagés dans une spéculation, dans une industrie quelconque, n'en sortent pas facilement; les affaires amènent les affaires, et leur prospérité même nécessite l'augmentation des capitaux. Restreindre annuellement la disponibilité de ces capitaux, est donc, selon nous, envisager la question sous un faux point de vue.

Assimiler les propriétaires aux commerçants. Un commerçant escompte sa signature, sa moralité, son crédit sans l'intervention ruineuse des notaires.

Et le plus souvent, signatures, moralité et crédit, n'offrent aucune garantie...

Et le propriétaire qui peut offrir un gage réel, certain, ne peut trouver à emprunter sans être pressuré par l'usure la plus scandaleuse !

Éviter aux propriétaires les frais énormes de ces emprunts renouvelés à chaque terme;

Leur assurer la faculté de se libérer avant l'échéance et par paiements partiels, ce qui donne à cette opération tous les avantages de l'annuité et de l'amortissement, sans ses inconvénients;

PROLONGER l'échéance à peu près à l'infini.

En un mot, réduire au taux commercial le taux de l'intérêt hypothécaire,

Et donner, par la prolongation à peu près gra-

uite de l'emprunt, la possibilité de réunir succes-
sivement toutes les ressources et d'échapper à une
ruineuse expropriation.

D'un autre côté, — garantir le prêteur contre
l'incapacité de l'emprunteur ou l'insuffisance de
l'immeuble;

Lui assurer à l'échéance le paiément des intérêts et du capital;

Le dispenser de toutes poursuites contre son
débiteur;

Lui accorder la faculté d'escompter sa créance
sans frais;

En un mot, lui offrir à la fois la sécurité hypothécaire, l'exactitude et la disponibilité commer-
ciale.

Solidement constituée sur des bases inattaqua-
bles, puisqu'elle offre, pour garantie de ses opérations, UN GAGE HYPOTHÉCAIRE d'une valeur double
de la somme prêtée, une BANQUE DE LA PROPRIÉTÉ
FONCIÈRE obtiendrait des capitaux au plus minime
intérêt.

Ainsi, dans les circonstances ordinaires, les
maisons de banque recevaient des capitaux à 2 et
3 pour 100; les chemins de fer les obtenaient à 3
et 4; la Banque de France jouit d'un privilége en-

core plus considérable; les rentes sur l'État ne donnaient pas 4 pour 100.

Et cependant les banques n'offrent d'autre garantie que la prudence et la moralité de leurs chefs : prudence et moralité que démentent les faillites journalières.

Les chemins de fer, pendant les premières années, ne donnent qu'un intérêt prélevé sur le capital; et les bénéfices, déjà si éventuels, sont soumis à mille circonstances fâcheuses qu'il est impossible de prévoir.

Les rentes sur l'État n'offrent qu'un capital incertain, que peuvent réduire de 75 pour 100 des bruits de guerre, les crises politiques et commerciales.

Seule, une BANQUE DE LA PROPRIÉTÉ FONCIÈRE offrirait aux capitalistes un placement d'une sécurité incontestable, et à l'emprunteur, outre les facilités du remboursement, des fonds à un taux excessivement réduit.

Banques et Banquiers

Sous le dernier roi, les banquiers ont monopolisé toutes les ressources, tout le crédit de l'État. Banques, circulation et moyens de transport, ils ont tout pris, et à la moindre panique, aussitôt qu'ils ont cru leurs intérêts compromis, il ferment leur caisse, paralysent le crédit et suspendent leurs paiements.

Il est temps à la fin que ce scandale finisse.

L'industrie ne peut être subordonnée aux caprices ou à la peur de messieurs les banquiers.

L'État, c'est-à-dire l'intérêt commun, le crédit et le salut public, a lui seul des droits, des priviléges qui doivent primer les intérêts de messieurs les marchands d'argent.

L'État a seul le privilége de battre monnaie.... que seul aussi, il ait le prilége d'émettre du papier-monnaie qui réponde à tous les besoins qui concilie tous les intérêts, depuis les *broches* de cinq francs jusqu'aux billets de mille francs, jusqu'aux coupons de rente d'une valeur illimitée.

Ainsi : ABOLITION DU PRIVILÉGE DE LA BANQUE DE FRANCE ET DE TOUTES LES BANQUES PARTICULIÈRES.

L'usure est abolie, et l'État se trouve maître de la fortune et du crédit public. Le gouvernement, alors, et seulement alors, représentera les intérêts de tous.

De cette manière, l'État réalise *seul* des bénéfices immenses, provenant des intérêts de tous les fonds mis en circulation.

VI

Cultes

Nous demandons l'abolition des ordres religieux.

Il nous paraît dangereux de tolérer des sociétés particulières dans la société-mère.

L'État doit à tous les citoyens :

L'éducation civile et religieuse,

L'exercice de ces droits politiques,

Du travail,

La justice,

Protection et sécurité.

Tout citoyen doit à l'État :

Sa force,

Son travail,

Son intelligence,

Sa part proportionnelle de l'impôt établi et voté par tous.

Ces devoirs réciproques sont les bases de la société : de leur accomplissement résultent l'ordre et la liberté. — Nul n'a le droit de s'y soustraire.

Et d'ailleurs, à quoi bon des frères, des moines et des religieux ?

Que font-ils?

— Ils prient pour nos péchés.

Nous avons des prêtres payés pour cela.

— Ils instruisent les enfants.

C'est un soin que l'État voudra bien leur épargner.

— Ils soignent les malades dans les hôpitaux.

— C'est un beau dévoûment; mais les services qu'ils rendent ne compensent pas les dangers de l'institution.

Quant aux prêtres, nous voudrions qu'en dehors de l'église, ils fussent vêtus comme tous les citoyens. Cette observation peut paraître puérile; cependant il y a en réalité un motif très-sérieux.

Le voici :

L'étrangeté de leur habit les tient forcément isolés; ils ne peuvent, sans scandale, se mêler aux réunions publiques, vivre de la vie commune; — ils restent en dehors de la société, tournant invariablement dans le même cercle d'hommes et d'idées... Et pourtant ne serait-il pas bon qu'ils connussent ce monde qu'ils ont mission de moraliser?

Mariage des prêtres

Non-seulement les apôtres, mais les pères de

l'Église vivaient dans le mariage. Quand, vers le IVe siècle, on vit paraître une nouvelle espèce d'hommes, inconnue jusque-là, qu'on appela — anachorètes, — moines, — ermites, — et qui par conséquent s'étaient voués volontairement au célibat.

Bientôt il ne fut bruit que des vertus et des miracles de ces saints personnages. Retirés dans des cavernes, au fond des bois, ils passaient le jour en prières, et la nuit en macérations...

Et la foule, toujours amoureuse du merveilleux, d'accourir vers eux, de baiser dévotement leurs guenilles, et de les nommer évêques.

Sous la mitre épiscopale, ils continuèrent leur vie austère et mortifiée, et ordonnèrent plus tard aux prêtres qui leur étaient soumis de suivre l'exemple de sainteté qu'ils leur offraient... Le célibat fut regardé comme un état d'innocence et de chasteté, et prescrit comme le premier degré de la perfection infinie.

Étrange aberration de l'orgueil !

Si le célibat est un état de perfection pour vous, il doit l'être également pour tous...

Et alors que deviennent les sociétés...?

De tout temps le célibat des prêtres a été regardé comme une chose immorale et dangereuse.

Le savant pape **Pie II** disait : « *Con gran ra-gione le nozze sonostate tolle à sacerdoti, con maggiore se gli doveriano restituire* (1).

« On a défendu le mariage aux prêtres par de grandes raisons; mais, par de bien plus grandes, on devrait le leur permettre. »

En condamnant les prêtres au célibat, l'Église s'est mise en contradiction avec les livres saints et les apôtres saint Paul et saint Mathieu.

Dieu a dit à ses créatures : — Croissez et multi-pliez, et l'Église dit aux prêtres : — Tu mourras seul et chaste.

Dieu a dit : — Il n'est pas bon que l'homme soit seul; et l'Église Romaine : — Il est bon, il est meil-leur que l'homme soit seul :

Jésus-Christ bénit le mariage, et fit son premier aux noces de Cana.

L'Église maudit le mariage en l'interdisant à ses prêtres; Jésus-Christ, dit Saint Mathieu, choisit des hommes mariés pour annoncer sa parole :

L'Église, qui est bien plus scrupuleuse, choisit des célibataires.

Jésus Christ, selon sanit Mathieu, dit hautement que tous ne sont pas capables du célibat :

(1) D'hist. di Platina, p. 399 ; d'ediz, di Venitia cypresso Giacomo Leoncino, 1572, in-fol.

L'Église y condamne ses armées de prêtres, de moines et de religieux.

Saint Paul veut que, pour éviter les tentations et les crimes du célibat, chaque homme ait sa femme, et chaque femme un mari :

Et l'Église Romaine trouve plus sage de défendre à ses prêtres d'avoir des femmes, à ses nonnes d'avoir des maris.

Saint Paul dit : — Il vaut mieux se marier que brûler :

L'Église dit à ses prêtres : Il vaut mieux brûler et se consumer en désirs impuissants que de se marier :

Saint Paul disait aux Corinthiens que le Seigneur ne lui avait point donné de commandement touchant la chasteté :

C'est une lacune que l'Église a prudemment remplie :

Il était permis aux apôtres de se marier, dit saint Paul, et de mener leurs femmes avec eux.

L'Église dit à ses prêtres : — Celui de vous qui touchera une femme sera pollué et maudit de Dieu.

Prêtres, que vous a donc fait cette douce et belle créature pour que vous la repoussiez comme une chose honteuse et infâme ?

Saint Paul recommande la chasteté aux person-

nes mariées, et l'Église déclare formellement que
le mariage et la chasteté sont deux choses incompatibles et contraires.

Saint Paul veut que, pour éclairer les hommes
sur les devoirs de la famille on choisisse des hommes mariés.

L'Église prétend que pour bien diriger la famille
des autres, il faut vivre seul isolé.

Saint Paul assure qu'une femme gagne sa vie en
mettant des enfants au monde.

L'Église les condamne à la stérilité.

Le même saint Paul écrit qu'il n'y a que des hypocrites, à qui la conscience reproche des crimes
infâmes, qui condamnent le mariage.

Je m'étonne fort en vérité que l'Église Romaine
n'ait pas dans quelqu'un de ses conciles, Morigéné
et saint Paul mal avisé :

Oui, le célibat imposé aux prêtres est une chose
criminelle et dangereuse.

Voilà par exemple un malheur eux jeune homme dont vous avez défloré l'imagination, énervé
le corps, en l'excitant par des détails obscènes,
et le condamnant à des turpitudes sécrètes... son
imagination est un égout dans lequel croupit la
fange de *cas de conscience* des générations passées ;
toutes les horreurs possibles et impossibles à l'hu-

manité, la plus dépravée, la plus corrompue, il les sait par cœur, il les a étudiées. — Eh! ne voyez-vous pas que cette fange, que ces immondices transpirent par tous ses pores, allument ses yeux cafards, et bavent de ses lèvres flétries...?

Et c'est cet homme dans le cœur duquel vous avez allumé le feu du désir, que vous avez condamné à se tordre, brûlant sur sa couche solitaire durant ses longues nuits fievreuses et sans repos, c'est cet homme à qui vous confiez votre enfant, jeune homme naïf et ignorant, ce mal...!

C'est à cet homme flétri que vous livrez votre fille, ange de pureté et d'innocence...!

Certes, elle ne comprendra pas ces paroles étrangns, ni le feu sombre de son regard..., mais plus tard...

C'est à cet homme qui ne connaît le monde que pour l'avoir entrevu à travers les barreaux de sa prison, que la femme ira demander des conseils contre les dangers et les séductions du monde...!

C'est à cet homme que le malheur rend haineux et jaloux, que vous irez demander des conseils d'amour et de charité?

Peut-il aimer les autres, celui qui n'est aimé de personne?

Peut-il être un bon citoyen, le fonctionnaire

public qui n'obéit qu'à un prince étranger, et dont la corporation toute entière est hostile à tous les gouvernements ?

Nous demandons que la Rébublique décrète comme la Convention, qu'elle ne reconnaît ni vœux religieux ni aucuns engagements contraires aux droits naturels de l'homme.

Que le clergé rentre dans le droit commun.

Constitué en corps comme il est, en dehors de la société, c'est un ennemi trop à redouter.

Il ne faut pas se faire illusion sur sa puissance, — elle est immense.

Par la confession, les prêtres peuvent, quand ils le voudront gouverner le monde :

Il n'est point de famille dont ils ne connaissent les secrets et les pensées les plus intimes, car il n'est point de famille dont un membre ou moins ne comparaisse devant leur tribunal inquisiteur. Pas un individu dans toute la chrétienneté qui n'ait son nom inscrit sur leur grand livre...

Que si quelqu'un est assez osé pour vouloir se soustraire à leur sécrète influence, oh ! alors des médisances bien noires, des calomnies bien dissimulées, dont toujours on ignore la source empoisonnée viennent flétrir sa réputation, le frapper dans ses plus douces affections, ruiner la paix et le bonheur de sa vie toute entière.

C'est la brébis galeuse de ce troupeau dont ils sont les bergers.

C'est un paria qu'on isole de la société des fidèles, et dont le coutact est flétrissant.

Et cette malédiction, cette haine, s'étendront à toute une famille, à de saintes femmes dont on fouille la conduite, dont on interprétera à mal les plus innocentes actions, ou à de faibles enfants qu'on attendra à leur entrée dans le monde, pour susciter contre eux des obstacles et des inimitiés sans nombre...

Ce sont des ennemis d'autant plus dangereux qu'ils sont insaisissables. Faites-en des citoyens français, c'est la seule manière de neutraliser leur influence, ce sera une goutte d'encre que vous jeterez dans la mer.

Qu'ils prennent part aux votes et aux délibérations de la nation.

Qu'ils soient membres du jury.

Qu'ils paient leurs parts d'impôts, puisqu'ils touchent des salaires de l'État.

L'ambassade de Rome sera de toute la République le poste le plus important à remplir.

VII

Divorce

On sait comment se font les mariages.

L'expérience et les drames scandaleux qui se déroulent presque quotidièrement devant les assises, nous en démontrent les déplorables conséquences.

Nous avons demandé l'émancipation de la femme par le travail, nous voulons son affranchissement par le divorce dans les cas prévus par les séparations de corps. Seulement, pour empêcher les abus et assurer le sort des enfants, nous voudrions qu'on prélevât un tiers ou un quart de la fortune des conjoints.

Instruction

Sous la monarchie, l'instruction donnée au peuple était à peu près nulle.

L'instituteur primaire se trouvait, dans sa commune, placé un peu au-dessus du garçon de ferme, au-dessous du garde champêtre.

Quant à la classe aisée, celle qui pouvait payer une éducation *libérale*, c'était bien pis encore.

Pendant huit années, huit mortelles années, les plus belles et les plus insoucieuses de la jeunesse, on tenait les enfants emprisonnés dans un collége. Là, de misérables pédants farcis de latin, hérissés de grec, empanachés de rhétorique, se tuaient à hébêter l'intelligence des enfants et à leur encombrer la mémoire de choses parfaitement inutiles, et qu'il leur fallait oublier en quittant les bancs, sous peine d'être ridicules dans le monde.

Pendant huit années, on vous faisait faire des thèmes et des versions grecques ou latines, puis des versions et des thèmes, des thèmes et des versions... et toujours, et encore...

Puis on vous faisait apprendre par cœur l'histoire des Juifs, des Grecs, des Romains, des Carthaginois. Vous connaissiez l'Égypte, la Syrie et la Mésopotamie; mais quant à l'histoire de l'Europe moderne, pas un mot.

Quant à l'histoire de France même... quelques pages scandaleusement honteuses du révérend père Loriquet.

On se faisait gloire de professer le plus profond mépris pour les langues *vivantes*. Les langues vivantes !... le beau mérite !... L'anglais, l'espagnol, l'allemand ou l'italien... où était la difficulté?... Tous les jours vous pouviez rencontrer des An-

glais, des Allemands, des Espagnols ou des Ita-
liens; mais des Grecs et des Romains, la langue
est complétement morte, partant plus rare et plus
précieuse.

Après cela, vous passiez une année *à faire votre
philosophie*... et quelle philosophie!

Puis, quand vous étiez bien empâtés de cette
érudition inerte et stérile, moyennant une rétribu-
tion de 65 francs, doublée ou triplée suivant les
besoins ou les caprices des institeurs, vous passiez au *grade* de bachelier ès-lettres...

Pitié et dérision...

De là, vous passiez à l'école de droit.

Pendant trois annés, on vous épluchait des arti-
cles du code civil, ou on vous promenait, les yeux
bandés, le long des sentiers tortueux et obscurs de
la chicane.

Cela coûtait fort cher, encore...

Puis, quand vous aviez passé douze des plus
précieuses années de votre jeunesse, et que vous
aviez passablement écorné votre patrimoine, vous
entriez dans la vie tout aussi ignorant qu'avant le
collége, mais comprenant enfin que vous étiez la
dupe du guet apens universitaire.

Vous aviez donné à l'État une partie de votre
fortune, votre aptitude au travail, votre envie d'ap-

prendre et de bien faire, et vous aviez involontairement pris des habitudes de luxe et de bien être peu en rapport avec votre fortune.

Et quand l'État vous avait ainsi hébété et dépouillé, il ne vous restait plus qu'une ressource, — mourir de faim, — ou apprendre un métier pour gagner votre vie!...

Cet état de choses, si honteux, si scandaleux, est-il tolérable plus long-temps dans une société généreuse et civilisée?

Nous demandons l'éducation, — une éducation nationale, obligatoire et gratuite pour tous. — Quant au grec, au latin et autres futilités pompeuses, nous les réserverons pour les amateurs d'antiquités.

On assure que M. le ministre de l'instruction publique a les meilleures intentions et qu'il prépare de nombreuses réformes dans le système universitaire. Nous aimons à le croire; mais pourquoi commencer par choisir une commission parmi les machines les plus lourdes et les plus rouillées de la *scolastique?*

Journaux

On a aboli le timbre des journaux; c'était justice, mais pourquoi maintenir le cautionnement?

Demandez-vous un cautionnement à l'épicier, au marchand de vin ou au marchand de papier?

C'est que ces industriels offrent des garanties pécuniaires que n'offrent pas les gens de lettres, n'est-ce pas?

C'est vrai : malgré leur société, malgré tous les organes dont ils disposent, les écrivains sont aujourd'hui les pauvres, les parias de la société? Là est le mal, prenez-y garde... Si vous ne leur faites pas dans la société une place belle et large, ils vous renverseront.

Noblesse

Le gouvernement provisoire a proscrit les titres de noblesse.

C'est une satisfaction donnée aux petites passion haineuses et jalouses de la bourgeoisie. Hier, les titres n'avaient aucune valeur, aucune signification, ne conféraient aucuns priviléges; personne n'en voulait parce que tout le monde pouvait en prendre.

Aujourd'hui, vous les proscrivez; vous leur donnez une valeur, vous les faites désirer.

C'est surtout un acte impolitique dans les circonstances présentes : la République doit procéder par voie d'assimilation ; elle doit s'efforcer de conquérir toutes les sympathies, tous les dévoûments, toutes les intelligences.

L'exclusion a amené les fautes de 93.

La République n'a que des enfants ; elle n'a pas d'ennemis. Nous voulons qu'avant dix ans, MM. le comte de Chambord, le prince Louis, le comte de Paris, le prince de Joinville et ses frères, se promènent paisiblement sur les boulevarts.

Si vous abolissez la noblesse, abolissez aussi la croix d'honneur, qui donne le titre de chevalier.

Théâtres

A notre avis, les priviléges sont la cause, et la cause unique, de la décadence de l'art dramatique en France. Le monopole maintient les places à un prix trop élevé pour que les théâtres soient accessibles au peuple.

A quoi servent les subventions ?

A l'art ? — Pas le moins du monde ; elles enrichissent seulement MM. les directeurs, les roulades, les grimaces, les ronds de jambe, ou les ho-

quels tragiques de dix ou douze comédiens pré-
conisés par la réclame.

Nous demandons que cette industrie rentre dans
le droit commun.

Emplois

Eu 1831, le traitement des fonctionnaires figurait au budget pour la somme de 201,421,269 fr.
Ils sont portés sur le budget de
1848 pour la somme de 264,807,986

Différence en plus . . . . 63,386,777 fr.

Toute la politique du système tombé se résume
par ces chiffres officiels.

Il y a en France 247,000 fonctionnaires; 70,000
suffiraient aux emplois.

Une commission sera chargée d'explorer les
abus, d'élaguer les membres parasites, et d'aviser
à la réduction du traitement des hauts fonctionnaires.

La République doit nourrir ses employés, elle
ne doit pas les engraisser.

Une chose triste à constater, c'est que tous les
emplois ne sont en général sollicités et obtenus
que par des gens incapables ou fainéants.

Les emplois publics doivent être la rémunération

de services rendus, et non par la curée d'appétits sordides, d'ambitions éhontées.

Les premiers actes du Gouvernement provisoire se sont tristement signalés par un effroyable abus de places et de faveurs accordées sans aucun esprit de justice et de discernement.

Il est bon de constater que ces nominations ne sont et ne peuvent être que *provisoires*.

Il y a un remède à ce scandale qui a perdu et ridiculisé le dernier gouvernement.

— Ce remède, le voici : —

Établir une liste officielle de tous les solliciteurs. Cette liste serait affichée à la porte de la maison commune comme l'étaient dernièrement les listes des électeurs.

A chaque demande seraient joints les titres et les pièces à l'appui.

Tous les citoyens auraient le droit d'approuver ou de blâmer. — Un jury prononcerait l'acceptation ou l'exclusion.

Il est temps enfin que le soleil de la publicité dissipe le favoritisme et la corruption.

Nous nous reprocherions comme un crime d'a-jouter le moindre élément de trouble à ceux qui existent déjà, et qu'une grande commotion produit toujours :

Seulement, nous sommes trop amis de la chose publique pour endormir le gouvernement provisoire dans une dangereuse sécurité.

Qu'il se méfie de tous ces dévoûments à outrance toujours prêts à encenser le pouvoir du moment. Qu'il se garde surtout de ses amis !

De bons citoyens se sont déjà scandalisés de voir cette nuée de journalistes s'abattre sur les emplois.

Les coteries de journaux ont remplacé les privilégiés du Luxembourg et du palais Bourbon.

Le désintéressement et les vertus républicaines seront escomptés en fonctions de l'État.

Nous avons des dynasties démocratiques comme nous avions hier encore des dynasties princières.

Puis ces travaux du Champ-de-Mars sont stériles.

Ce n'est pas le sable qu'il faut brouetter, c'est le sol qu'il faut fouiller et féconder.

Nous dirons au gouvernement provisoire : — Marchez ! mais prenez garde !...

Aujourd'hui, l'ordre avant tout... l'ordre matériel, l'ordre moral, l'ordre intellectuel... l'ordre, c'est la liberté, c'est la force, c'est l'avenir de la France !

L'Europe tout entière se soulève et fermente...

Avant trois mois, l'Angleterre, toute l'Allemagne, la Prusse et les duchés de la confédération, la Bavière, le Wurtemberg, le pays de Bade, la Hesse, le Nassau seront en pleine révolution .....

Le monde entier a les yeux tournés vers la France.....

Donnons au monde le grand, le sublime spectacle du calme dans la tempête.

Que la révolution suive sa marche, sans violence, sans secousse, sans excès, pour le bonheur et la liberté du monde.

10 mars 1848.

Édouard GORGES.